AF473416

POMME D'API

OPÉRETTE EN UN ACTE

PAROLES DE

MM. LUD. HALÉVY ET W. BUSNACH

MUSIQUE DE

M. JACQUES OFFENBACH

6546

PARIS
TRESSE, LIBRAIRE-ÉDITEUR
GALERIE DE CHARTRES, 10 ET 11
AU PALAIS-ROYAL

MDCCCLXXIII

POMME D'API

OPÉRETTE EN UN ACTE

Représentée pour la première fois, à Paris, sur le théâtre de la RENAISSANCE, le 4 septembre 1873.

EN VENTE A LA MÊME LIBRAIRIE

LA FILLE DE MADAME ANGOT

Opéra-Comique en trois actes; paroles de Clairville, Siraudin et Koning, musique de Ch. Lecoq, in-18.. 2 »

JANE

Drame en trois actes par A. Touroude, in-18......... 2 »

LE CLUB DES SÉPARÉES

Folie-Vaudeville en un acte, par W. Busnach, in-18.. 2 »

ARISTOPHANE A PARIS

Revue fantaisiste en trois actes et quatorze tableaux, par Clairville et G. Marot, in-4°....................

LES QUATRE SERGENTS DE LA ROCHELLE

Mélodrame en trois actes, in-18...................... 2 »

UN LACHE

Drame en cinq actes, par Alfred Touroude, in-18..... 2 »

Clichy — Imp. Paul Dupont, rue du Bac-d'Asnières, 12.

POMME D'API

OPÉRETTE EN UN ACTE

PAR

MM. LUDOVIC HALÉVY ET WILLIAM BUSNACH

MUSIQUE DE

M. JACQUES OFFENBACH

PARIS

TRESSE, LIBRAIRE ÉDITEUR

GALERIE DE CHARTRES, 10 ET 11

AU PALAIS-ROYAL

1873

PERSONNAGES.

RADASTENS	MM. DAUBRAY.
GUSTAVE, son neveu	Mmes DARTAUX.
CATHERINE	THÉO.

L'action de nos jours, à Paris.

Pour la mise en scène, s'adresser à M. Paul CALLAIS, régisseur, au théâtre de la Renaissance.

POMME D'API

Le théâtre représente un salon. — Porte au fond. — Une cheminée à droite. — Portes à droite et à gauche. — Une table à gauche. — Un fauteuil, des chaises. — Une petite armoire-buffet.

SCÈNE PREMIÈRE

RABASTENS, *seul.*

La porte du fond est ouverte. Rabastens est seul, en dehors de la scène, un grand panier de cuisinière passé dans le bras gauche. Du bras droit, Rabastens gesticule violemment.

RABASTENS.

Qu'est-ce que vous dites? Je n'ai pas entendu...

UNE VOIX DE FEMME, *au dehors.*

Vieux colimaçon!

RABASTENS.

Vieille décrépite!

LA VOIX, *au dehors.*

Vieille armoire à glace!

RABASTENS.

Vieux pan de muraille! Et si tu as besoin d'une lettre de recommandation pour te placer dans une autre maison, essaie un peu de venir me la demander... essaie un peu... (*Descendant en scène.*) Enfin m'en voilà débarrassé. (*Au public.*) Rabastens, Amilcar Rabastens... ancien fabricant de machines à coudre, une honnête aisance, quarante-huit ans, trente-neuf pour les femmes... célibataire et sans enfants. Je viens de flanquer à la porte ma femme de ménage, et j'attends une bonne pour la remplacer... Je me suis adressé ce matin au bureau de placement de la rue Sainte-Anne, au deuxième.

COUPLETS.

I.

L'employé m'a dit : De quel âge,
Cher monsieur, la désirez-vous?
De la ville ou bien du village?
Nous en avons pour tous les goûts !
Jeune ou vieille, grande ou petite,
Nez grec, aquilin ou pointu?
Je suis pressé... répondez vite.
Et vite, moi, j'ai répondu :
Pourvu qu'ell' soit jeune et jolie,
Pourvu qu' ce soit dans les prix doux,
Bref pourvu qu'ell' soit accomplie
J' m'en rapporte entièr'ment à vous !

II.

L'employé m'a dit : Autre chose :
Et's-vous chipotier sur l'honneur?
Voulez-vous un bouton de rose?
Ou voulez-vous la rose en fleur?
Nous en possédons de petite,
De grande et moyenne vertu...
Je suis pressé, répondez vite!
Et vite, moi, j'ai répondu :
Mon Dieu! J' veux bien qu'ell' soit honnête,
Mais, vous savez, dans les prix doux!
Vous n' me faites pas l'effet d'un' bête;
J' m'en rapporte entièr'ment à vous!

Quand il a vu que je ne tenais pas positivement à une femme sauvage, l'employé m'a tapé fortement sur le ventre et m'a dit : « J'ai votre affaire : une jeune paysanne... » Mon Dieu, que ce panier est lourd... Madame Joseph avait acheté les provisions pour le déjeuner. (Il se débarrasse de son panier.) J'attends aussi Gustave... Gustave, c'est mon neveu... il va venir demeurer avec moi pour me tenir compagnie et faire mon bezigue chinois, le soir, après dîner. Et je commence à être surpris! surpris et inquiet! Il devait arriver hier, mon neveu Gustave, et il n'est pas venu. Il m'a bien promis de ne se rendre sous mon toit qu'après avoir rompu une liaison que je me permettrai de qualifier d'irrégulière... avec une certaine demoiselle qui ne rougissait pas de répondre au sobriquet de *Pomme d'Api*... Je vous demande un peu... A-t-il rompu, ou n'a-t-il pas rompu?

SCÈNE II

RABASTENS, GUSTAVE. (Gustave, depuis quelques instants, a paru au fond. Il a l'air accablé, consterné; d'une main il tient un petit sac de voyage et de l'autre il traîne une malle assez lourde.)

GUSTAVE.

Mon oncle!

RABASTENS.

Gustave!

GUSTAVE, se jette en gémissant dans les bras de Rabastens. La malle et la valise tombent par terre.

C'est fait, mon oncle! c'est fait... Je l'ai quittée! Ah! mon oncle, mon oncle!

RABASTENS.

Eh bien, voyons, mon garçon! Allons donc! allons donc!... En voilà assez... en voilà assez!...

COUPLETS.

GUSTAVE.

Mon oncle, ne vous fâchez pas,
Je vous obéis, je me range,
Je viens me jeter dans vos bras,
Mais c'est égal! c'était un ange!
Un ange! un ange! un ange!

I.

Vous nous aviez coupé les vivres
J'ai tout vendu... bibelots, livres,
Breloques, chaîne et cætera...
Sans lui laisser cinq francs de rente,
La quitter!... Scène déchirante!
Plus le sou! que faire à cela?...

(Mouvement d'impatience de Rabastens.)

Mon oncle, ne vous fâchez pas,
Etc...

II.

O grands yeux noirs de ma maîtresse!
Que je pouvais avec ivresse
Contempler du matin au soir!
(A son oncle.)
Et maintenant pour toute fête
Je n'aurai plus que cette tête
Qu'il me faudra voir et revoir!

RABASTENS, parle sans interrompre la musique.

Eh! mais, ma tête... ma tête... qu'est-ce que ça signifie?...

GUSTAVE.

Mon oncle, ne vous fâchez pas...
Je vous obéis, je me range,
Je viens me jeter dans vos bras
Mais c'est égal! c'était un ange!
Un ange! un ange! un ange!

RABASTENS.

Eh bien, non... je ne me fâcherai pas...

GUSTAVE.

Ah! vous êtes bon, mon oncle, bien bon... Asseyez-vous là, nous allons pleurer ensemble.

RABASTENS.

Ah! ça, est-ce que tu ne vas pas me flanquer la paix avec ta douleur...

GUSTAVE.

Mais aussi, pourquoi m'avez-vous obligé à la quitter, cette

petite? Une femme qui, depuis deux ans, m'aimait et m'était fidèle.

RABASTENS.

C'est pour ça que je te l'ai fait quitter... Écoute, Gustave. J'ai quarante-huit ans !... trente-neuf pour les femmes... Eh bien, j'ai une prétention, une seule, c'est de les connaître, les femmes. Or, je me suis fait une loi de ne jamais garder une maîtresse plus de trois mois.

GUSTAVE.

Quatre-vingt-dix jours, comme les effets de commerce.

RABASTENS.

Justement... Jamais de renouvellement à l'échéance... Et toi, bêtement, depuis deux ans, tu t'acoquinais avec la même femme.

GUSTAVE.

Quelle femme aussi, mon oncle!.. Ah ! si vous l'aviez connue!..

RABASTENS.

Et je ne la connais pas !... et jamais je n'ai voulu la connaître, ni la voir... Une demoiselle qui s'appelait...

GUSTAVE.

Pomme d'Api... Un joli nom tout de même, hein! mon oncle? c'est la première fois que je l'ai conduite à Bullier, que Manicou... vous savez, mon ami Manicou...qui a eu un si grand succès au salon des Refusés...

RABASTENS.

Eh bien ?

GUSTAVE.

« Tiens ! s'écria-t-il, en voilà une nouvelle, qui est gentille... On en mangerait! Une pomme d'api... une vraie pomme d'api... » Et le surnom lui est resté!... Si vous saviez, hier, quand je lui ai annoncé.... si vous saviez comme elle a pleuré... puis tout d'un coup elle a cessé de pleurer, elle a dit : « C'est bien... vous avez raison... séparons-nous. » Alors elle a fait son petit paquet... et elle est partie...

RABASTENS.

Et elle ne pense déjà plus à toi... Je connais les femmes .. Allons, va dans ta chambre. C'est là, à gauche.

GUSTAVE.

Oui, mon oncle, j'y vais... Et déjeuner?... Est-ce qu'on déjeunera bientôt? Je me sens un grand creux.

RABASTENS.

Il se meurt d'amour et il se sent un grand creux!... Mon Dieu, le déjeuner... Je ne sais pas trop quand on déjeunera, parce que, à cause de toi, j'ai renvoyé ma femme de ménage et je prends une bonne... Et elle n'est pas arrivée, la nouvelle bonne... mais elle va venir...

GUSTAVE.

Elle sera vieille, n'est-ce pas, mon oncle, vieille et laide?

RABASTENS.

Vieille et laide, pourquoi ça?

GUSTAVE, *reprenant sa malle.*

Parce que ça fait trop souffrir, les autres... Celles qui sont jeunes, celles qui sont jolies... on est forcé de les aimer, on est forcé de les quitter, et alors... Ah! mon Dieu! mon Dieu! (*Il sort à droite en traînant sa malle.*)

SCÈNE III

RABASTENS, *seul.*

Veux-tu bien te taire!... les voisins vont se plaindre... il y a justement la dame du second qui est accouchée d'avant-hier... (*On frappe à la porte.*) Entrez.

SCÈNE IV

RABASTENS, CATHERINE. (*Catherine paraît, entre-bâillant la porte, en gentil costume de paysanne.*)

CATHERINE, *un papier à la main et lisant.*

M. Raba... M. Raba... M. Rabastens, c'est bien ici?

RADASTENS, la faisant descendre en scène.

C'est la bonne! Oh! oh! prenez donc la peine... (A part.) Cristi... c'est un bon bureau, rue Sainte-Anne!

CATHERINE.

COUPLETS.

I.

Bonjour, monsieur... Je suis la bonne
Qu' vous attendez.
C'est bien moi, monsieur, la personne...
Voilà! Regardez!
Je vais vous dir', foi de Catherine,
Qu'est mon p' tit nom,
Tout ce que j' sais fair' en fait de cuisine,
Ça n' s'ra pas long!
Les œufs à la coque, en om'lettes,
Les œufs sur l' plat!
Les pomm's de terr' frit's, les côt'lettes,
Et puis voilà.
Mais j'ai bon cœur et pas mauvaise tête,
Si c'est sur moi qu' tomb' votre choix,
J' vous donn'rai tout ce qu'une fille honnête
Peut donner pour trent' francs par mois.

II.

Quant aux boutons, je sais les r'mettre,
Je sais blanchir;
A la post' j' sais porter une lettre
Et l'affranchir!
Pour les tapis, j' sais qu'on n' les s'coue
Que dans les cours.
Sitôt qu'on sonn' sans fair' la moue,
Vite j'accours.
J'ouvre la porte et puis j' la r'ferme
Quand on s'en va.
Je n'emploi' jamais un mauvais terme,
Et puis voilà.
J'ai bon cœur et pas mauvaise tête,
Si c'est sur moi qu' tomb' votre choix,
J' vous donn'rai tout ce qu'une fille honnête
Peut donner pour trent' francs par mois.

RABASTENS.

Et si on vous en demandait pour trente-cinq francs.

CATHERINE, tranquillement.

J'en donnerais pour trente-cinq francs, monsieur.

RABASTENS, à part.

Délicieuse naïveté !... (A Catherine.) Eh bien! Catherine, vous me plaisez... vous me plaisez beaucoup.

CATHERINE.

Tant mieux, monsieur, tant mieux... parce que, dame ! Je peux bien vous dire ça, de mon côté, vous, monsieur, vous m'allez.

RABASTENS.

Ah ! je vous vais...

CATHERINE.

Oui, vous m'allez... Ce n'est pas que vous soyez beau, beau, beau, non... mais vous avez de la distinction.

RABASTENS.

On me l'a toujours dit.

CATHERINE.

Et puis de la fraîcheur. Ah ! vous avez encore de la fraîcheur.

RABASTENS.

Ah! J'ai encore...

CATHERINE.

Mais oui, monsieur...... Et alors, comme ça, qu'est-ce que j'aurai à faire ici ?

RABASTENS.

Oh! pas grand chose... Rien que deux personnes à servir, deux jeunes gens, moi et mon neveu. (On entend un violent gémissement.)

CATHERINE.

Qu'est-ce que c'est que ça?

RABASTENS.

Ça, c'est lui, mon neveu, qui geint dans sa chambre.

CATHERINE.

Et pourquoi est-ce qu'il geint?

RABASTENS.

Parce qu'il avait une maîtresse et que ça durait depuis trop longtemps, et qu'alors je l'ai obligé à la quitter.

CATHERINE, très-vivement.

Ah! c'est vous qui l'avez obligé?...

RABASTENS.

Oui, c'est moi... Deux ans!... il y avait deux ans que ça durait!...

CATHERINE.

Mais cependant s'ils s'aimaient?... C'est bien gentil de s'aimer.

RABASTENS, à part.

Comme elle a dit ça!.. Et elle me trouve encore de la fraîcheur... (Catherine va tourner près de la porte à droite.)

CATHERINE, s'apercevant que Rabastens la regarde, redescend vivement.

Si vous vouliez bien me mettre un peu au courant du service.

RABASTENS.

Certainement! D'abord il faut faire le déjeuner; la cuisine est par là... (Il montre la porte de gauche.) Je vais vous conduire...

CATHERINE.

Bien, monsieur.

RABASTENS.

Tenez, les provisions sont dans ce panier... C'est lourd, hein?..

CATHERINE, qui a pris le panier.

Non, pas trop.

RABASTENS, à part.

Elle est ravissante, cette petite bonne-là. (Haut.) Mais si, c'est lourd. Donnez-moi ça...

CATHERINE, voulant garder le panier.

Mais je ne veux pas, monsieur, laissez donc...

RABASTENS.

Mais non, mais non... je veux vous porter ça jusqu'à la cuisine. (Petite bataille. Au moment où Gustave paraît, Catherine a le bras gauche et Rabastens le bras droit passés dans l'anse du panier.)

SCÈNE V

RABASTENS, CATHERINE, GUSTAVE.

GUSTAVE, entrant par la droite.

J'ai laissé ici ma petite valise.

RABASTENS, à Gustave.

Ah! Gustave!.. C'est la bonne... Tu vas voir, elle est charmante. (Catherine très-émue ne se retourne pas. Rabastens l'obligeant à se retourner.) Venez, venez donc... (A Gustave.) Hein, qu'en dis-tu ?

GUSTAVE, avec un grand cri.

Ah!

RABASTENS.

Tu es étonné... Il y a de quoi... Crois-tu que nous serons à plaindre avec une petite bonne comme celle-là?.. Une perle... mon ami, c'est une perle!... Venez, Catherine, venez.

CATHERINE.

Voilà, monsieur.

RABASTENS, pendant la sortie.

Alors, vous trouvez que j'ai encore de la fraîcheur? (Ils sortent par la gauche.)

SCÈNE VI

GUSTAVE, seul.

Il est resté pétrifié, immobile, au milieu de la scène, ses jambes flageolent, il fait quelques pas, se raccroche à une table, regarde autour de lui.

Il n'y a pas deux têtes comme ça dans le monde. C'est Pomme d'Api... Et mon vieux singe d'oncle... (Imitant Rabastens.) C'est une perle! c'est une perle!... Mais je ne souffrirai pas... (Il court à la porte et se heurte contre Rabastens, qui ramène Catherine.)

SCÈNE VII

CATHERINE, GUSTAVE, RABASTENS.

RABASTENS, tenant Catherine par une main et de l'autre main le panier de provisions.

Vous avez toussé... je vous dis que vous avez toussé... Il fait un froid de loup dans cette cuisine... vous attraperiez un gros rhume... (Avec autorité.) Et ça ne me va pas, entendez-vous ! Entendez-vous, je ne veux pas que vous attrapiez un gros rhume...

CATHERINE.

Mais le déjeuner ?

RABASTENS.

Vous ferez la cuisine dans le salon.

CATHERINE.

Dans le salon !...

RABASTENS.

Eh bien, est-ce qu'il n'y a pas une cheminée... Je l'ai fait ramoner il y a quinze jours.

CATHERINE.

Mais, monsieur ?

GUSTAVE, à part.

La figure... la voix .. tout y est.

RABASTENS.

Ça suffit... je suis votre maître et quand j'ordonne... (A Gustave.) Toi, va chercher le gril dans la cuisine.

GUSTAVE, se révoltant.

Moi... le gril... dans la cuisine !...

RABASTENS.

Eh bien ! oui, dans la cuisine... Où veux-tu qu'il soit ?... dans l'armoire à glace ?...

TRIO.

RABASTENS.

Va donc, va donc chercher le gril.

CATHERINE.

Allez, allez chercher le gril.

GUSTAVE.

Le gril, le gril, le gril, le gril,
Je n'irai pas chercher le gril !

CATHERINE.

Qu'a-t-il? qu'a-t-il? qu'a-t-il? qu'a-t-il
Et pourquoi donc
Répond-il non
Quand on lui dit d'aller
Chercher
Le gril, le gril, le gril, le gril !

ENSEMBLE.

RABASTENS, CATHERINE.

Allez, allez }
Va donc, va donc } chercher le gril !

GUSTAVE.

Je n'irai pas chercher le gril.
Le gril, le gril !

GUSTAVE.

Mais que ferez-vous de ce gril ?

RABASTENS.

Nous mettrons le gril sur le feu,

CATHERINE.

Et sur le gril les côtelettes !

RABASTENS.

Quand le gril sera sur le feu,

CATHERINE.

Le feu cuira les côtelettes.

RABASTENS.

Et quand nous verrons que le feu

CATHERINE.

A bien grillé les côtelettes,

RABASTENS.

Nous ôterons le gril du feu

CATHERINE.

Et mangerons les côtelettes !

RABASTENS.

As-tu retrouvé tes esprits?

RABASTENS et CATHERINE.

Est-ce compris ? Est-ce compris ?

GUSTAVE.

Oui, je crois vous avoir compris.

(Reprenant.)

Nous mettrons le gril sur le feu.

CATHERINE.

Et sur le gril les côtelettes.

GUSTAVE.

Quand le gril sera sur le feu,

CATHERINE.

Le feu cuira les côtelettes.

GUSTAVE.

Et quand nous verrons que le feu

CATHERINE.

A bien grillé les côtelettes,

TOUS LES TROIS, avec éclat.

Nous ôterons le gril du feu
Et mangerons les côtelettes !

CATHERINE.

Voilà, voilà !
C'est bien cela!

RABASTENS.

Va donc, va donc chercher le gril !

CATHERINE.

Allez, allez chercher le gril

GUSTAVE.

Le gril, le gril, le gril, le gril,
Je vais aller chercher le gril !

CATHERINE.

Qu'a-t-il? qu'a-t-il? qu'a-t-il? qu'a-t-il?
Et pourquoi donc
Tant de façon
Quand on lui dit d'aller
Chercher
Le gril, le gril, le gril !

ENSEMBLE.

CATHERINE, RABASTENS.

Allez, allez } chercher le gril.
Va donc, va donc } chercher le gril.

GUSTAVE.

Je vais chercher le gril. (Il sort.)

SCÈNE VIII

CATHERINE, RABASTENS, puis GUSTAVE.

RABASTENS.

Là... sur ces cendres chaudes, ce sera fait tout de suite... (Il ouvre le panier.) Des œufs... des côtelettes... Eh bien, où sont donc les pommes de terre?

CATHERINE.

Dans la cuisine, monsieur. Je vais les chercher.

RABASTENS.

C'est ça... moi, pendant ce temps je vais débarrasser la table.

GUSTAVE.

Voici le gril. (Il se trouve nez à nez avec Catherine.)

CATHERINE, très-tranquillement à Gustave.

Je vais chercher les pommes de terre. (Elle sort. Rabastens s'occupe de débarrasser la table.)

RABASTENS.

Tu as le gril... Bon... mets-le sur les cendres... Voyons les assiettes... les verres... tout cela est dans cette armoire... (A Gustave.) Non, mais vrai... Crois-tu que nous allons être heureux tous les trois... Ah! les couteaux!

GUSTAVE, à part.

Décidément il faut que je sache...

RABASTENS.

Ils sont par là, je vais les chercher... (Il va vers la gauche en fredonnant: Nous mettrons le gril sur le feu, etc. Il se heurte à Catherine qui apporte les pommes de terre dans un plat.)

CATHERINE.

J'apporte les pommes de terre, monsieur.

RABASTENS.

Et moi je vais chercher les couteaux... Catherine. (Il sort par la gauche en fredonnant encore: Nous mettrons le gril sur le feu.)

SCENE IX

CATHERINE, GUSTAVE.

GUSTAVE, allant droit à Catherine.

C'est vous, n'est-ce pas ?

CATHERINE.

Eh bien oui... c'est moi... après...

GUSTAVE.

Vous allez m'expliquer...

CATHERINE.

Vous expliquer!

GUSTAVE.

Oui. (Rabastens rentre avec les couteaux.)

SCÈNE X

LES MÊMES, RABASTENS.

RABASTENS.

Parfait, parfait!... ça marche très-bien. Je vais éplucher les pommes de terre, pendant que Catherine fera cuire les côtelettes... Catherine, n'est-ce pas, mon enfant, vous allez mettre les côtelettes sur le gril. (Il prend le panier de provisions, le dépose aux pieds de Catherine, se met à genoux près du panier et en tire deux côtelettes.)

CATHERINE.

Oui, monsieur.

RABASTENS.

Mais au fait, il n'y en a que deux.

CATHERINE.

Eh bien, monsieur!

RABASTENS, avec violence.

Eh bien, et vous? est-ce que vous vous imaginez que je vais vous laisser mourir de faim!... Il ne manquerait plus que ça! Le boucher est à deux pas... Gustave, va chercher une côtelette pour Catherine!

GUSTAVE, indigné.

Moi... aller chercher... jamais!

CATHERINE, à Rabastens.

Mais, monsieur, c'est moi qui dois...

RABASTENS.

Non, ce n'est pas vous qui devez... Gustave, tu ne veux pas aller chercher une côtelette pour Catherine? (Geste de dénégation de Gustave.) Une fois, deux fois, trois fois, tu ne veux pas aller chercher une côtelette pour Catherine?

GUSTAVE.

Non! Non! Non!

RABASTENS, furieux.

Ainsi tu ne veux pas?... (Changeant subitement de ton.) C'est bien, je vais aller chercher une côtelette pour Catherine... (A Catherine.) Je vais vous chercher une côtelette, Catherine, et autre chose encore, Catherine... (A Gustave.) Une perle, je te le disais, une perle!... (A Catherine.) Je veux que vous soyez heureuse chez moi, Catherine... A tout à l'heure, Catherine. (Au public.) Oh! je lui en demanderai pour plus de trente-cinq francs! (Il sort en courant par le fond.)

SCÈNE XI

GUSTAVE, CATHERINE.

GUSTAVE.

Vite, Pomme d'Api, sans perdre une minute... Je t'aime toujours... Partons d'ici...

CATHERINE, qui est allée s'asseoir à gauche de la table et qui épluche ses pommes de terre.

Partir d'ici!... Qu'est-ce que vous me chantez là? Je suis entrée au service de votre oncle Rabastens; je m'y trouve bien, j'y reste.

GUSTAVE.

Voyons, Pomme d'Api...

CATHERINE.

Je ne m'appelle plus Pomme d'Api, je m'appelle Catherine.

GUSTAVE.

Si tu es revenue ici sous ce déguisement... c'est que tu m'aimes...

CATHERINE. Elle se lève.

Moi... vous croyez que... (Éclatant de rire.) Ah! ah! non, mon cher, c'est bien fini, l'amour.

GUSTAVE.

Mais alors, pourquoi êtes-vous venue?

CATHERINE, très-gravement.

Parce que j'ai résolu de vivre honnêtement. Je suis allée au bureau de placement. On m'a dit : « Il y a un M. Rabastens qui cherche une bonne... » Et je suis venue, et je vous prie de me laisser éplucher mes pommes de terre. (Elle va se rasseoir.)

GUSTAVE.

Au fait, je n'ai que ce que je mérite.

Il va tomber, désolé, sur une chaise à droite. — Il tire de sa poche un petit portefeuille et de ce petit portefeuille une petite photographie. — Il se met à regarder cette photographie en poussant de gros, de gros soupirs. — Il cherche à se faire entendre de Catherine, qui reste complétement indifférente.

GUSTAVE, voyant que ses gros soupirs ne font aucun effet.

Pomme d'Api !

CATHERINE.

Quoi ?

GUSTAVE.

Savez-vous ce que je regarde là? Une photographie.

CATHERINE.

Une photographie?

GUSTAVE, se levant.

Oui, de vous et de moi... Il n'y a pas deux photographies, il n'y en a qu'une... Oh ! comme nous sommes près l'un de l'autre.... Je vous en prie, cessez donc d'éplucher pendant cinq minutes. (Catherine fait signe que non.) Non ! vous ne voulez pas ! Ça vous amuse donc? (Catherine fait signe que oui.) Ah ! si ça vous amuse !... Ils sont pourtant bien gentils, ces deux portraits... (Il va près d'elle. Elle lui tourne le dos.) Ça me rappelle, à moi... Et ça devrait vous rappeler, à vous...

DUO.

GUSTAVE.

C'est un dimanche, un matin,
Que nous avons pris le train,
A la gare
Saint-Lazare.

CATHERINE.

A la gare
Saint-Lazare !

GUSTAVE.

Vous en souvient-il? C'était
Le jour où l'on couronnait
La rosière
De Nanterre !

CATHERINE.

La rosière
De Nanterre !

GUSTAVE.

La rosière couronnée,
Nous sommes allés tout droit,
Pour terminer la journée,
A la fête de l'endroit !

CATHERINE.

A la fête de l'endroit !

GUSTAVE.

A deux pas du chien savant,
Près de la femme géante,
Un photographe en plein vent,
Avait élevé sa tente.

CATHERINE.

Ca ne coûtait que vingt sous,
Tous deux nous nous regardâmes.
Et bras dessus, bras dessous,
Sous la tente nous entrâmes !

GUSTAVE.

Puis, revenant à Paris,
Tard, très-tard dans la soirée
Entre deux baisers, tiens, lis !
J'écrivis sous ta dictée :

(Catherine prend la photographie, et, très-émue, lit.)

CATHERINE.

« Sur cette photographie,
« Je signe et je ratifie
« L'engagement sacré d'un amour éternel !
« Fait à Paris, vingt septembre
« Minuit dix, dans notre chambre,
« Numéro trente-trois, boulevard Saint-Michel !.. »

(Cessant de lire.)

Et je vois, l'un près de l'autre,
Nos deux noms, le mien, le vôtre,
Emmêlés, confondus, venant s'entortiller,
Au bout de cinq ou six phrases
Pleines d'ivresses, d'extases,
De serments de mourir avant que d'oublier !

Oui, c'était bien à Nanterre...
Je vois encore la rosière...
Elle était sèche, plate et maigre comme un clou,
Cheveux rouges, pieds difformes,
Cagneuse et des mains énormes!
Nous avons éclaté tous deux d'un rire fou!
Et monsieur l'adjoint au maire,
Qui marchait droit et sévère,
D'un regard furibond aussitôt nous toisa.
Je lui dis : « Votre petite
« N'aura pas eu grand mérite
« A rester chaste, avec le joli nez qu'elle a! »
Puis gaîment prenant la fuite,
Nous allâmes chercher vite
Dans les bois... pour rêver... un favorable endroit...
Il faisait un temps superbe,
Nous avons dîné sur l'herbe;
Je me rappelle encor le pâté de veau froid!
Ah! comme j'étais confiante,
Folle, gaie, insouciante...
Et ce jour-là, mon Dieu!... que c'est loin... que c'est près!
Mon cœur était tout en fête...
Fallait-il être assez bête
Pour croire que cela ne finirait jamais!

GUSTAVE.

De grâce, écoute-moi, sois bonne.
Je fus cruel, oui, je le sais,
Mais rends-moi ton cœur et pardonne
A qui t'aime plus que jamais.

CATHERINE.

Non, je ne veux pas vous entendre.

GUSTAVE.

Écoutez-moi...

CATHERINE.

Mon cœur je ne puis vous le rendre.

GUSTAVE.

Pomme d'Api! Pomme d'Api!
Ton petit cœur est attendri
Au souvenir des jours heureux :
Je vois des larmes dans tes yeux.

CATHERINE.

Des larmes, non, c'est bien fini.
Je t'adorais, mais aujourd'hui
Je ne crois plus à ta parole,
Et je comprends que j'étais folle.
C'est bien fini,
C'est bien fini !

GUSTAVE.	CATHERINE.
Pomme d'Api, etc.	C'est bien fini, etc.

SCÈNE XII

Les Mêmes, RABASTENS.

(Rabastens entre chargé de provisions, un pâté, un homard, une boîte de raisins, deux bouteilles de champagne.)

RABASTENS.

C'est moi !

CATHERINE.

Qu'est-ce que c'est que tout ça?

RABASTENS.

Ça, c'est notre petit déjeuner... J'ai acheté ce que j'ai trouvé de plus léger... un pâté... un homard... Ah çà !... comment... le couvert n'est pas encore mis? (A Gustave.) Pourquoi n'as-tu pas mis le couvert ?

CATHERINE.

Ne vous fâchez pas, monsieur, ça va être tout de suite prêt. (Elle met le couvert.)

RABASTENS, la regardant aller et venir du buffet à la table et de la table au buffet.

Ça va être tout de suite prêt... C'est une perle ! (Allant à Gustave.) Gustave !

GUSTAVE.

Mon oncle !

RABASTENS.

Tu as causé avec elle. Qu'est-ce que tu en penses?

GUSTAVE.

Ce que j'en pense...

RABASTENS.

Oui... Crois-tu?... Te fait-elle l'effet d'une femme qui...? ou, au contraire, te fait-elle l'effet d'une femme que...?

GUSTAVE.

Une femme qui... une femme que... je ne comprends pas.

RABASTENS.

Tu me comprends très-bien... Regarde-la... il y a des moments où elle a l'air de... et puis il y a d'autres moments où elle a l'air de... Au fait, suis-je bête! Je vais le lui demander... tu vas voir... adroitement... tout en l'aidant à mettre le couvert... (Allant à Catherine.) Dites donc, Catherine?...

CATHERINE.

Monsieur?

RABASTENS.

Tout à l'heure, quand vous êtes arrivée, j'ai oublié de vous demander... Avez-vous un certificat?

CATHERINE.

Un certificat... Dame! non, monsieur.

RABASTENS.

Vous n'avez pas de certificat?

CATHERINE.

Non, je vous dis... Avant d'entrer chez vous, je n'avais servi chez personne.

RABASTENS.

Ah! vous n'avez jamais...

CATHERINE.

Non, monsieur.

RABASTENS.

Chez personne?

CATHERINE.

Chez personne.

RABASTENS, à Gustave.

Tu entends... Elle n'a jamais... (A Catherine.) Mais, enfin, d'où sortez-vous ? (A Gustave.) Tu vois comme je suis adroit... j'arrive lentement, mais j'arrive. (A Catherine.) Eh bien, dites, d'où sortez-vous ?

CATHERINE.

Je sors d'une maison où j'ai été bien heureuse pendant plus de deux ans... mais on m'a renvoyée.

RABASTENS.

Pauvre fille !... on vous a renvoyée, et pourquoi ça? C'est peut-être que votre maître était un farceur et qu'il voulait...

CATHERINE, simplement.

Non, monsieur, au contraire, c'est parce qu'il ne voulait plus.

RABASTENS.

Comment ! c'est parce qu'il ne voulait plus?

CATHERINE, très-naïvement.

Oui, monsieur, c'était mon amant. Il en a eu assez de moi et il m'a renvoyée.

RABASTENS.

Votre amant ! Vous en avez eu ?...

CATHERINE.

Un seul, monsieur, un tout petit... et toujours le même.

RABASTENS.

Ah! ah! (A Gustave.) Qu'est-ce que tu dis de ça ?

CATHERINE, à Gustave.

Oui, monsieur, qu'est-ce que vous dites de ça ?

GUSTAVE.

Moi, je dis... je dis... (Remontant.) Je ne dis rien, moi.

CATHERINE, à Rabastens.

Comment, monsieur, on ne vous avait pas préveau au bureau de placement ! J'avais pourtant dit à l'employé : « N'est-ce pas? prévenez bien les personnes pour la petite chose. »

RABASTENS, très-gai.

Pour la petite chose, non, il ne m'a pas prévenu pour la

petite chose; mais ça ne fait rien, ça ne fait rien, et c'est même très-honnête à vous de... Et je ne vous en veux pas pour ça, au contraire, et il ne faut pas que ça nous empêche de déjeuner. Allons, à table... vite à table... (A Catherine.) Comment, vous n'avez mis que deux couverts!... Et le vôtre? Et le vôtre?

CATHERINE.

Mais, monsieur, moi je déjeunerai à la cuisine.

RABASTENS.

A la cuisine... allons donc, je vais le mettre, votre couvert.

CATHERINE.

Oh! monsieur... monsieur...

GUSTAVE, bas à Catherine, pendant que Rabastens ajoute un couvert.

Voyons, Pomme d'Api, une dernière fois.

CATHERINE.

Non... non... non...

RABASTENS.

A table... à table!...

CATHERINE, tout en aidant Rabastens à apporter la table au milieu du théâtre, très-gaiement.

Oui, à table, à table... J'ai besoin de m'étourdir, vous m'avez fait penser à des choses...

RABASTENS.

C'est ça, étourdissez-vous .. étourdissons-nous... Et toi aussi, Gustave, tu as besoin...

GUSTAVE, résolûment.

Eh bien, oui, moi aussi. (Tous les trois s'asseyent. — Rabastens au milieu, fait face au public ; Catherine à droite de Rabastens, et Gustave à gauche.)

RABASTENS.

A la bonne heure, à la bonne heure! (A Gustave.) Ne pense plus à ta maîtresse. (A Catherine.) Et vous, ne pensez plus à votre petit amant.

GUSTAVE, éclatant de rire.

Ah! ma maîtresse!

CATHERINE, même jeu.

Ah! mon amant! Au diable mon amant!

GUSTAVE.

Au diable ma maitresse!

CATHERINE.

Du champagne, monsieur, donnez-moi du champagne.

GUSTAVE.

Du champagne, mon oncle, donnez-moi du champagne.

RABASTENS.

Bravo! bravo! (A part.) Ils vont bien tous les deux.

ENSEMBLE.

A table, à table
Et le verre en main
Envoyons au diable
Tristesse et chagrin.

GUSTAVE.

Versez, versez, versez encor;
Allez donc jusqu'au bord.

CATHERINE.

Voyez, voyez, ça mousse, mousse.
Voyez, voyez, ça pousse, pousse,
Ça pousse à se désennuyer.
Par les lèvres ça glisse, glisse,
On dirait un feu d'artifice
Qu'on vous tire dans le gosier!

GUSTAVE.

Versez, versez, versez encor;
Allez, allez donc jusqu'au bord.

TOUS TROIS.

Encor! encor!

CATHERINE.

Ah! maintenant, cela va mieux,
Je me sens l'âme plus légère,
Et j' vais vous dire à tous les deux
Mon p'tit projet pour me distraire.

GUSTAVE ET RABASTENS.

Pour vous distraire?

CATHERINE.

Pour oublier mon amoureux,
Savez-vous ce que je vais faire?

GUSTAVE, RABASTENS.

Qu'allez-vous faire?

(On quitte la table.)

CATHERINE.

J'en prendrai un, deux, trois, quatr', cinq,
Six, sept, huit, neuf et cœtera.
Je prendrai tout c' qui s' présentera,
Et j'aim'rai tout ce qui m'aim'ra.

Des pékins et des militaires,
Des députés et des notaires,
Des rentiers, des agriculteurs,
Des huissiers, des littérateurs,
Des p'tits, des grands, des gras, des maigres,
Des blonds, des bruns, des blancs, des nègres,
Des barytons et des ténors,
Des nains et des tambours majors.

J'en prendrai un, deux, trois, quatr', cinq!
Etc...

GUSTAVE ET RABASTENS.

Ell' prendra tout c' qui s' présent'ra.
Etc...

CATHERINE.

J'en prendrai dans l'infanterie,
J'en prendrai dans la caval'rie;
J'en prendrai dans tous les états,
Des chefs de gar', des magistrats...
Et quand j' verrai que j' n'ai plus chance
De m'approvisionner en France,
J' pass'rai les mers et j' m'en irai
En Amérique où j'en r'trouverai.

J'en prendrai un, deux, trois, quatr', cinq,
Etc...

REPRISE DE L'ENSEMBLE.

A table, à table, etc.

RABASTENS.

Bravo! bravo! Commencez par moi! commencez par moi!

GUSTAVE, furieux.

Mon oncle!

RABASTENS.

Ah! tu m'embêtes, toi. (A part.) Il m'embête, mon neveu... (A Gustave.) Si tu crois que tu es gai avec ta figure d'enterrement.

CATHERINE.

Le fait est qu'il n'est pas drôle, votre neveu. Il est bon votre champagne. (Rabastens lui verse à boire.) Oh! vous êtes bien plus gentil que votre neveu... Et puis les jeunes gens, voyez-vous, peuh! tandis qu'une personne d'un certain âge...

RABASTENS.

Une personne d'un certain âge...

CATHERINE, tendant son verre à Rabastens.

Tout plein, tout plein... Oui, d'un certain âge...

RABASTENS, l'embrassant.

Tant pis... ça y est...

GUSTAVE, exaspéré.

Mademoiselle!...

CATHERINE, naïvement.

Eh bien?

GUSTAVE.

Comment, vous vous laissez embrasser devant moi?

RABASTENS.

Vas-tu pas faire le puritain?

CATHERINE.

Oh! vous savez! ce n'est pas la première fois que l'on m'embrasse... je vous l'ai avoué tout à l'heure... Et puis, ça ne vous regarde pas... Je vous demande un peu...

RABASTENS.

C'est vrai... Est-ce que ça le regarde? Ça ne le regarde pas du tout.

CATHERINE.

Pas du tout.

RABASTENS, l'embrassant une seconde fois.

Ça y est encore !

GUSTAVE.

Se laisser embrasser par un homme de cinquante ans !...

RABASTENS.

Quarante-huit, Gustave, et trente-neuf pour les femmes!

GUSTAVE.

Ah! si c'est pour voir des choses pareilles que vous m'avez fait venir demeurer chez vous... merci bien! j'en ai assez...

RABASTENS.

Gustave...

GUSTAVE, à Catherine.

Vous n'êtes qu'une petite malheureuse... entendez-vous, une petite malheureuse.

RABASTENS.

Je vous défends d'insulter cette enfant!

GUSTAVE.

Vous me défendez!... vous n'êtes qu'un vieux polichinelle... un vieux saltimbanque... un vieil incapable!... Je vais refaire ma malle. (Il sort à droite.)

CATHERINE, à part, ravie.

Il m'aime encore.

SCÈNE XIII

RABASTENS, CATHERINE.

RABASTENS.

Polichinelle! saltimbanque! incapable! (Revenant à Catherine.) Ma douce enfant, écoutez-moi. J'ai trente-neuf ans, comme je crois vous l'avoir dit. Je ne vous offre pas ma main... parce que, enfin... ça n'entre pas dans mes habitudes... j'ai une fortune assez rondelette. Je suis encore très-vert... vous ne pouvez même pas vous imaginer à quel point je suis encore vert. Si un petit mobilier mi-partie palissandre et mi-partie Boule...

CATHERINE.

Monsieur... je ne sais trop que vous répondre.

SCÈNE XIV

LES MÊMES, GUSTAVE, traînant piteusement sa malle.

CATHERINE.

Et vous me permettrez de demander conseil à votre neveu.

GUSTAVE.

Conseil à moi!...

CATHERINE.

Je vous en prie, écoutez-moi; vous n'avez pas été bien poli tout à l'heure, mais cependant vous me faites l'effet d'un bon garçon, et je m'adresse à vous bien sincèrement! Voilà monsieur qui me fait aussi l'effet d'un bon garçon et qui m'offre un mobilier... mi-partie Boule.

GUSTAVE, éclatant.

Un mobilier... il vous offre un mobilier mi-partie Boule...

CATHERINE, très-doucement.

Et mi-partie palissandre; alors vous comprenez... pour une pauvre fille... dame, c'est une chose à considérer... Je sais bien qu'il pourrait être plus jeune...

RABASTENS.

Il y a dix-sept ans, je l'étais!

CATHERINE.

Enfin, c'est fort embarrassant. Je vous prie de...

GUSTAVE, très-ému.

Mon Dieu, cela me paraît bien simple... (A Catherine.)

ROMANCE.

I.

Consultez votre cœur, car lui seul est en cause,
Ne regrettez-vous rien des beaux jours disparus ?
Celui que vous aimiez ?.. Si vous ne l'aimez plus,
Vous devez accepter ce que l'on vous propose.
Si vous ne l'aimez plus!

II.

Mais si vous ressentez encor là quelque chose,
Rien qu'au souvenir des anciennes amours,
Celui que vous aimiez, si vous l'aimez toujours,
Vous devez refuser ce que l'on vous propose.
Si vous l'aimez toujours!

CATHERINE.

Si je l'aime toujours .. tiens... vois plutôt. (Elle se jette dans ses bras. — Ils s'embrassent avec fureur sous les yeux de Rabastens stupéfait.)

RABASTENS.

Eh bien, qu'est-ce que c'est que ça?

GUSTAVE.

Ma petite Pomme d'Api.

RABASTENS.

Comment c'était?...

GUSTAVE.

Que je t'embrasse encore! (Ils sautent encore dans les bras l'un de l'autre.)

RABASTENS, furieux.

Devant moi. (Ils se séparent.) Mais allez... allez... ne vous gênez pas! Recommencez si ça vous amuse.

GUSTAVE ET CATHERINE.

Bien volontiers. (Ils recommencent à s'embrasser.)

RABASTENS, au comble de la colère.

Malheureux!

CATHERINE.

Mais, c'est pour vous obéir.

RABASTENS, les séparant violemment.

Assez... assez... (Il les renvoie aux deux bouts du théâtre, Pomme d'Api à gauche, Gustave à droite.) Fi! les petits inconvenants!... ils m'ont berné... Je suis un oncle berné... S'embrasser comme ça devant le monde! Et je suis sûr qu'ils seraient encore prêts à recommencer! (Ils s'envoient des baisers de la main.) Voyez-vous, voyez-vous! allez-vous-en... allez... allez... je vous chasse! (Rasant les murs ils se dirigent vers la porte en se faisant des signes.) Je suis sûr qu'ils vont recommencer dans l'escalier! Que faire, mon Dieu, que faire? (Criant.) Arrêtez... arrêtez... venez ici. (Il les fait redescendre.) Là, là, petits misérables, à genoux. (Tous deux ensemble tombent à genoux; furieux.) Je vous pardonne... oui... (Tous deux se relèvent.) Pas d'observations. (A Gustave.) Qu'est-ce que je te donnais par an? rien du tout, je double ta pension... ça n'est pas assez?... trois mille francs est-ce assez?... non... six mille... (Au comble de la fureur.) Est-ce assez six mille?... Et le mariage dans combien? six semaines, est-ce trop long? Mettons trois semaines et n'en parlons plus!

GUSTAVE ET CATHERINE.

Oh! mon bon oncle. (Ils vont pour sauter au cou de Rabastens, mais, se rencontrant dans ce mouvement, ils s'embrassent tous les deux sous le nez même de Rabastens.)

GUSTAVE.

Ma chère Pomme d'Api, comme je t'aime et comme il va être gentil notre petit ménage.

CATHERINE, à Gustave.

Oui, mais c'est maintenant qu'il va falloir marcher droit... Parce que vous savez, si ça ne va pas à mon idée... c'est moi qui vous quitterai, et alors...

REPRISE DES COUPLETS.

J'en prendrai un, deux, trois, quat', cinq,
Six, sept, huit, neuf et cœtera.
Je prendrai tout c' qui s' présent'ra
Et surtout c'qui m'applaudira.

(Au public.)

Si ce jeune homme se dérange
Gare à lui! Car, moi, je me venge!
Et pour ça sans qu'il soit besoin,
J'imagine, d'aller bien loin,

Dans cette salle un peu petite
Mais pleine d'un public d'élite
Il s'trouv'ra bien par charité
Des personnes de bonne volonté!

REPRISE EN CHOEUR.

J'en prendrai un, deux, trois, quat', cinq,
Six, sept, huit, neuf, et cœtera.
J'prendrai tout c' qui s'présentera
Et surtout c' qui m'applaudira.

FIN.

CLICHY.—Impr. P. Dupont, rue du Bac-d'Asnières, 12.

www.ingramcontent.com/pod-product-compliance
Ingram Content Group UK Ltd.
Pitfield, Milton Keynes, MK11 3LW, UK
UKHW021119230726
13926UKWH00002B/555